Social media marketing a risposta diretta

in pillole

I segreti del mitico

Dan S. Kennedy

INDICE

4

INTRODUZIONE

Perché ho scritto un libro sui social e perché dovresti leggerlo

Di Dan Kennedy

Tutti ne parlano, ma non sanno di cosa parlano.

Non mi piacciono i social, anzi, per certi versi li considero distruttivi per la società. Vedo le aziende sprecare soldi e tempo solo per generare traffico inutile, senza ottenere risultati economicamente rilevanti.

Nonostante ciò, possiedo azioni di una compagnia di tabacco, quindi non mi tiro indietro dal guadagnare su cose che considero un cancro della società.

Conosco anche persone intelligenti che usano i social per fare lead generation e riescono a vendere piuttosto bene.

Ti avverto, se decidi di avventurarti nel mondo dei social, non fare come gli altri. Il 99% delle aziende che usano i social sta sbagliando tutto.

La tua migliore arma è concentrarti sui profitti. Mi è capitato di stare seduto ad un tavolo mentre il manager di una piccola azienda proponeva di copiare la strategia Facebook di una grande multinazionale (peraltro in settore diverso), senza che avesse uno straccio di prova dei profitti generati da questa strategia. Incredibilmente gli altri lo hanno preso sul serio, avrebbero dovuto bruciarlo vivo.

La co-autrice di questo libro, Kim Walsh Phillips, è un esempio positivo di strategia social, sia per la sua attività che per quelle dei suoi clienti, che conosco personalmente.

Per questo ho deciso di scrivere un libro con lei: usa i principi del direct response per portare risultati concreti nel mondo dei social media.

Questo soltanto dovrebbe essere il tuo standard.

No BS Takeaways

- La tua migliore difesa è restare concentrato sul profitto;

- Lascia che i profitti siano i veri parametri di misurazione dei risultati;

- Il Social media marketing deve rispettare le stesse regole delle altre attività di marketing.

CAPITOLO 1

In cerca di qualcosa di meglio

Come trovare il profitto

Di Dan Kennedy

Non puoi permetterti di berti la balla delle "nuove metriche" che cercano di venderti i promotori dei social media e le grandi aziende scollegate dalla realtà.

Se vuoi giocare a questo gioco, fai in modo che ti ripaghi con soldi veri. Siamo tutti nel business di fare soldi, non ce ne importa dei like, delle visualizzazioni, ecc.

La verità è che la maggior parte di quelli che sono nel business di fare soldi fallisce.

Solo l'1% diventa ricco e solo il 4% raggiunge una significativa indipendenza economica con l'imprenditoria. L'altro 95% si trova spesso in difficoltà economica.

La ragione principale è che le persone preferiscono il falso ottimismo al pensiero accurato; sono deboli e si fanno influenzare da colleghi, clienti, familiari invece di ragionare sui profitti di ogni investimento.

I social media hanno anche un altro problema: i loro proprietari odiano il marketing a risposta diretta. Non vogliono che si misuri il ritorno sull'investimento. Preferiscono le big company che spendono allegramente in pubblicità senza farsi troppe domande sulla sua efficacia (brand awareness).

Come se non bastasse, piattaforme come Facebook continuano a modificare le loro policy a suon di ban e restrizioni, che costringono le aziende a castrare i propri messaggi pubblicitari, riducendone l'efficacia.

Le mie 2 istruzioni

Sui social (e online in generale) un errore può costarti molto caro, anche se non finisci sui giornali nazionali, le brutte notizie viaggiano veloci. Più sei presente e più ti esponi a questo terrorismo social: recensioni negative, attacchi, lamentele, ecc.

Un altro errore da evitare è cercare di non affidarti esclusivamente ai social, non importa quanti account possiedi, tutto ammonta ad una sola fonte. Uno è il numero più pericoloso per un business, assicurati di fare affidamento anche ad altri sistemi di acquisizione.

Il mio cliente Chris Cardell usa Facebook in modo profittevole, ma usa anche le email, il pay per click, la posta, la radio, la TV e i giornali. Se Facebook decide di farlo fuori, non avrà nessun problema a continuare la sua attività.

Quindi, se più del 20% dei tuoi clienti viene acquisito sui social media, sei seriamente a rischio.

Esigi sempre delle risposte adeguate. In un sondaggio fatto da USA Today è emerso che:

- il 61% delle piccole attività non riesce a dimostrare nessun ritorno sull'investimento nei social media.

- Eppure il 50% delle stesse afferma di voler aumentare il tempo e le risorse da allocare ai social.

- Solo il 7% ha deciso di tagliare i costi.

Il CEO di una agenzia di social media marketing insiste nel dire che quel 7% si sbaglia perché "Non è vero che non hanno un ritorno sull'investimento, semplicemente non sanno vederlo o quantificarlo!"

Se ti piace essere chiamato idiota, amerai questo tizio!

Ricorda, non sei nel business della chiacchiera o della visibilità, sei nel business di vendere cose!

Dal bisogno disperato al successo

Di Kim Walsh Phillips

Da quando sono diventata una fan di Dan Kennedy nel mio ufficio ho un cartello:

"Ci fidiamo solo di Dio, tutti gli altri portino dei dati".

Anni fa avevo una classica agenzia di marketing basata sul branding e le pubbliche relazioni, non capivo nulla di vendite.

Eravamo bravi a creare bei loghi e grafiche accattivanti, ma non offrivamo nulla di misurabile.

Facevo una fatica enorme ad acquisire clienti, per poi perderli al rinnovo del contratto.

Poi ho scoperto il libro di Dan Kennedy, "Direct marketing per business tradizionali". Da quel momento è cambiato tutto.

Da quel momento ho deciso che non avrei mai più fatto nulla che non mi avesse portato dei risultati concreti. Tu dovresti fare lo stesso.

No BS Takeaways

- Rispondi alla domanda: "Perché il potenziale cliente dovrebbe scegliere te rispetto alla concorrenza?";

- Controlla sempre i risultati dei social media;

- Ci fidiamo solo di Dio, gli altri portino dati;

- Se non mi porta risultati non lo faccio.

CAPITOLO 2

I Social media non sono marketing

Media vs marketing

Di Dan Kennedy

Nel 2012 Micheal Phelps è diventato l'atleta più decorato di sempre. Eppure qualche anno prima non se la passava molto bene. Dopo le olimpiadi del 2008, infatti, ha iniziato a impigrirsi. Ha smesso di fare le cose che lo hanno portato a vincere, come andare in piscina ogni giorno. Fino al 2011, quando fu battuto da Ryan Lochte. In quel momento Phelps ricominciò dalle basi per tornare a vincere.

Questo per farti capire quanto è importante non dimenticarsi mai delle basi, anche quando le cose intorno a te cambiano, vale anche per il marketing.

Internet non è così speciale come molti pensano e la parola media non coincide con marketing.

Il principio fondamentale del mio approccio al marketing, a prescindere dal media utilizzato, è questo: Assicuriamoci di parlare con le persone giuste, i potenziali clienti davvero interessati ai nostri prodotti o servizi. Fai tutto il possibile per vendere a loro e preoccupati meno del numero di caratteri o della lunghezza del video.

Tutti pensano che il loro business sia diverso, che questi principi non si possano applicare alla loro situazione o che, siccome nessuno fa una determinata cosa nel loro campo allora vuol dire che non può funzionare.

Non importa se il tuo cliente è il CEO o lo spazzino, non importa che tipo di media utilizzi, tutti comprano allo stesso modo, attraverso lo stesso processo e lo stesso percorso emotivo.

Le basi del marketing che funziona

Ci sono solo poche e semplici regole da seguire, eppure la maggior parte delle aziende che usa i social non le rispetta. Vediamole insieme:

1. Deve sempre esserci un'offerta che non si può rifiutare. Il tuo marketing sui social deve sempre avere un'offerta che spieghi loro cosa devono fare e perché devono farlo proprio adesso. Deve essere irresistibile e avere i giorni contati.

2. Deve sempre esserci una ragione per rispondere subito. Le persone tendono a rimandare tutto, il problema è che poi si dimenticano. Il tuo obiettivo è portarle ad agire subito.

3. Devi dare istruzioni chiare. Fin da piccoli ci insegnano a seguire istruzioni, sfrutta questa

cosa. Molte persone non acquistano perché sono confuse e non sanno cosa succederà dopo. Spiega esattamente tutti gli step del processo e chiedi di compiere azioni ben precise per concludere la vendita.

4. Misura i dati. Non accettare dati inutili (vanity metrics), ma solo dati concreti che misurano il profitto.

5. Fai sempre follow-up. Quando investi in pubblicità non paghi solo per quelli che si trasformano in clienti, ma anche per tutti gli altri che leggono, si registrano, chiedono informazioni, ecc. Prendi i dati di tutti e ricontattali per massimizzare i tuoi risultati. Sempre.

6. I risultati comandano. Se pago qualcuno per pulirmi la macchina, mi aspetto di trovarla pulita e profumata. Se pago qualcuno per promuovere la mia attività mi aspetto più clienti e più profitto. Fine.

Momenti di rivelazione

Di Kim Walsh Phillips

Dopo aver letto il mio primo libro di Dan ho capito perché quello che facevo fino al giorno prima non funzionava.

Ho capito quali erano gli aspetti da cambiare subito:

1. Posizionamento. È il tuo posto nel mercato. Devi diventare l'esperto del tuo settore di

riferimento, altrimenti sarai sempre a combattere la guerra dei prezzi. Quindi, sono diventata la massima esperta nel direct response sui social media.

2. Prezzi. Essere i più economici non è una strategia che può durare. Pian piano ho iniziato ad aumentare i prezzi per nuovi clienti, finché non sono riuscita ad aumentarli anche ai clienti storici. Qualcuno è andato via, mentre altri sono rimasti perché comunque avevano un buon ritorno sull'investimento. Sono passata da contratti mensili di 350$ a 3500$ al mese quando ho venduto l'agenzia.

3. Target. I miei clienti fino a quel momento erano nel raggio di 5 miglia dal mio ufficio e molti di questi non potevano permettersi di pagarmi ciò di cui necessitavo per portare risultati concreti. Dovevo espandermi per raggiungere i clienti migliori attraverso i media.

4. Media. Fino ad allora mi limitavo a fare lead generation in persona, non sui media. Avevo bisogno di scalare velocemente. Ho iniziato su LinkedIn per poi arrivare anche a Facebook, Twitter e Google+.

Ovviamente non avevo soldi da investire sui social e avevo poco tempo. Ho iniziato scrivendo una email settimanale pubblicandola anche sul mio blog e pubblicizzandola anche sui miei post social. Ho cercato di essere un po' controversa e polemica per distinguermi in un mondo così affollato. Mi sono focalizzata a lavorare solo con quelli che volevano ottenere risultati tangibili e misurarli. Quelli che volevano fare "branding" non erano più il mio target.

I risultati

Adesso le persone iniziavano a venire da me perché ero l'esperta di social media ad alto ROI (ritorno sull'investimento). Ho usato le stesse strategie nelle aziende dei miei clienti e ha funzionato anche lì. Al momento del rinnovo del contratto, invece che mollare, i clienti aumentavano il budget.

Ho iniziato a testare tutte le strategie di direct response sui social media passando da una lista mail di 1.200 contatti a più di 21.000 in un solo anno usando principalmente Facebook per la lead generation.

Il profitto dell'agenzia in questo periodo è aumentato del 327%.

No BS Takeaways

- Sui social si applicano le stesse regole che portano risultati come in qualsiasi altro media;

- Fai valere di più i soldi investiti nel tuo marketing dando alle persone più ragioni per rivolgersi a te e più mezzi per farlo;

- Dì al tuo prospect esattamente cosa fare e perché farlo ora;

- Vai oltre il compitino che fanno tutti, fai uno sforzo in più e avrai meno concorrenza;

- Lavora meglio, non limitarti solo a lavorare di più.

CAPITOLO 3

Direct response dalla testa ai piedi

I 6 principi direct response da applicare ai social

Di Kim Walsh Phillips

1. Avere un piano per vendere fin dall'inizio

Sui social, nessuno vuole dare l'impressione del venditore di macchine usate, però devi sempre dare ai prospect un'opportunità per connettersi e fare business con te. Se non lo fai, perderai solo tempo e soldi.

2. Tipi di offerte

Lead generation. Un incentivo per far lasciare i dati ai tuoi prospect; si fa offrendo qualcosa per la quale pagherebbero, ma tu la dai gratis.

Vendita. È possibile vendere direttamente ad un pubblico freddo sui social, noi lo facciamo su Twitter, Facebook, LinkedIn e Instagram. La chiave è offrire qualcosa di speciale rispetto alla solita offerta che fai per tutti gli altri offline o sulle altre piattaforme.

3. Non permettere di rimandare

Le tue offerte dovrebbero essere fresche, nuove e con scadenze chiare. Dai sempre una scadenza e degli incentivi per agire subito.

4. Dai istruzioni chiare

Vai sul sito, compila il form, clicca qui per telefonare, ecc.

Più sei chiaro e maggiori saranno le conversioni.

5. Misura i dati

Usa le opzioni di tracciamento presenti all'interno degli account pubblicitari delle singole piattaforme. Non badare tanto ai like e ai follower quanto alle conversioni, CTR (Click through rate) e altre metriche utili per capire l'efficacia dei tuoi contenuti.

6. Fare Branding è una conseguenza del direct response

Gira la voce che bisognerebbe fare l'85% di contenuti utili e solo 15% di contenuti di vendita, ma io non la penso così. Tutti i contenuti dovrebbero avere lo scopo di vendere, coltivando l'interesse e il bisogno di risolvere il problema di cui ti occupi con i tuoi prodotti o servizi.

L'importanza di creare la tua Unique Selling Proposition (USP)

Di Dan Kennedy

Secondo uno studio pubblicato su USA Today, gli slogan creativi delle grandi aziende avrebbero un impatto decisamente inferiore di quello che gli attribuiscono i pubblicitari. I consumatori, infatti, non ricordano quasi mai il nome del brand associato ad un determinato slogan. Solo in un caso il 64% degli intervistati ha riconosciuto lo slogan di Walmart.

Ecco come si sono giustificati alcuni dei pubblicitari chiamati in causa:

- Ci vuole tempo per costruire la brand identity. Quello slogan lo usiamo "SOLO" da qualche anno!

- Non lo hanno riconosciuto perché è solo uno slogan di transizione, ci stiamo muovendo verso un'altra identità di brand. (*Non so cosa diavolo voglia dire!*)

Lo slogan è un brand? O una USP?

No, lo slogan non è un brand. Il personal brand che insegno ai miei allievi include più di uno slogan e spesso è più legato ad un mercato. Molti degli slogan creati dalle agenzie sono belli, ma non servono a nulla.

Uno slogan non è una USP anche se può essere congruente con la stessa. Quello di Walmart è uno dei pochi ad avere senso "Sempre prezzi bassi" e coincide con la sua USP perché risponde alla domanda cruciale "Perché dovrei comprare da te e non dai tuoi competitor?".

Allo stesso modo è troppo generica come affermazione, quindi presta molta attenzione: se la tua USP può essere usata da chiunque, non è una vera USP.

Purtroppo, c'è molta stupidità nelle agenzie che si occupano di branding e nelle grandi multinazionali, stai attento a non farti prosciugare il budget con grossi investimenti in pubblicità d'immagine perché non si tradurranno mai in profitti.

Ecco alcuni miei suggerimenti sull'identità di brand:

1. Lavora su un nome e un'identità che abbia un'appeal solo sul tuo cliente ideale e nel tuo mercato di riferimento. Non puoi rivolgerti a tutti;

2. Il brand deve sempre essere una conseguenza del direct response e si crea parallelamente alle vendite non a loro discapito;

3. Non confondere la "brand identity" con logo, slogan, font e colori. Prima servono le idee giuste e poi si pensa a rappresentarle a livello grafico.

4. Insieme all'identità crea una "cultura di appartenenza". Pensa a Starbucks o alla Disney: i loro clienti fanno parte di un mondo parallelo, non sono dei semplici acquirenti. Impara dai più furbi, ma ricordati che tu hai degli obiettivi diversi da loro. Loro hanno risorse che tu non hai.

5. Per i piccoli business è più importante il personal branding perché le persone sono più attratte dal fare business con altre persone.

6. In breve: CHI sono i tuoi clienti? Per COSA vuoi essere riconosciuto e da CHI? COME puoi rappresentare tutto ciò in modo memorabile?

Se ti interessa approfondire il discorso branding, ho scritto un libro intitolato: "Costruire un brand col direct response".

La giusta USP accoppiata con la giusta offerta, al posto e al momento giusto è la cosa più importante per spiccare in ogni settore.

Per farlo rispondi a queste domande:

- Cosa c'è di unico nel mio prodotto?

- Cosa c'è di unico nel modo in cui lo consegno/realizzo?

- Cosa c'è di unico nel mio servizio?

- Quali norme riesco ad infrangere o aggirare?

- Cosa c'è di unico nella mia personalità?

- Qual è la mia storia?

- Chi sono i miei nemici?

- Quali sono le caratteristiche dei miei migliori clienti?

No BS Takeaways

- Molti marketer non applicano nessuna tattica di direct marketing;

- È possibile vendere al traffico freddo sui social;

- Anche se puoi automatizzare le offerte sui social, non è mai una buona idea far durare troppo le tue offerte senza cambiarle;

- Come fai a sapere il ROI dei tuoi social se non misuri i dati?

- Tutti i contenuti che pubblichi sui social dovrebbero avere lo scopo di vendere, non di fare branding.

CAPITOLO 4

Non gira tutto intorno a te. Oppure sì?

La tattica di marketing più potente

Di Dan Kennedy

Un antico segreto dei copywriter è quello di entrare all'interno del dialogo mentale del tuo prospect. Uno dei modi migliori per farlo è essere sempre aggiornato sulle tendenze e gli interessi del momento.

Un modo scientifico di farlo è guardare le parole chiave più ricercate su Google, molto spesso tra queste parole ci troverete i nomi delle celebrity del momento.

Tutti vogliono sapere tutto dei VIP e spesso, inspiegabilmente, confondono la celebrità con la credibilità. Ottima notizia per i marketer furbi.

Se fai business a livello locale è molto facile diventare una celebrity. Se lo fai livello nazionale, ma in una piccola nicchia, è ancora piuttosto facile. Scrivi libri e articoli, vai a parlare agli eventi, sii presente sui social, fatti intervistare in radio e in TV. Ovviamente pubblica tutto sul tuo sito. Se sei famoso le persone faranno a gara per fare business con te per avere una relazione privilegiata.

Come creare la propria fama e perché

Di Kim Walsh Phillips

Adesso non è più necessario finire sul New York Times per essere famoso. Puoi farlo anche solo con il semplice posizionamento di brand, diventando l'autorità nel tuo settore. Questo ti aiuta ad attirare più prospect in target, convincerli in meno tempo e fare più soldi da ogni cliente.

Diventa celebrity usando Facebook per aumentare le vendite

Creare un seguito e sviluppare una relazione è la cosa più importante per il tuo business. La lista clienti è l'unica assicurazione per il futuro della tua azienda, devi crearne una il prima possibile.

Ecco gli step da seguire per diventare un VIP del tuo settore:

1. Usa una foto di profilo che sia professionale e con la migliore versione di te (capelli in ordine, make-up...). Un selfie non comunica autorità.

2. Stesso discorso per le foto e le grafiche che utilizzi nei post. Se non sei in grado, usa un professionista, ne vale la pena.

3. Scrivi contenuti "da esperto". Spendi mezza giornata al mese per creare contenuti per tutto il mese. Scegli un tema per il mese e scrivi 4 articoli di blog per supportare la tua tesi. Prima scegli i tuoi obiettivi di vendita, poi scegli un tema per il mese che supporta i tuoi obiettivi di vendita, poi scegli 4 sottoargomenti da approfondire e li esplodi nei rispettivi articoli e newsletter.

4. Diffondi il verbo. Per ogni articolo/newsletter scrivi un post sui social dedicato e utilizzali come temi per una Live sui social.

5. Circondati di persone valide. Non puoi fare tutto da solo, trova qualcuno che possa aiutarti, ormai esiste un freelance per qualsiasi cosa.

No BS Takeaways

- Usa le opzioni di tracciamento fornite dai social nella sezione insight;

- Lo slogan non è una USP;

- Un mercato enorme è utile solo a chi ha un enorme portafoglio;

- Puoi sempre aggiornare il tuo prodotto/servizio, ma non puoi tornare indietro nel tempo e costruire un audience. Fallo il prima possibile!

CAPITOLO 5

Qual è la tua nicchia?

Marketing di nicchia

Di Dan Kennedy

James Perez-Foster, dopo uno screzio con il suo titolare, ha lasciato il suo lavoro presso Bainbridge Advisors per focalizzarsi sul mercato ispanico. Ha visto un'opportunità di guadagno in quel settore e ha deciso di dedicare lì tutta la sua attenzione.

Ha fondato la Solera National Bank, dedicata a servire gli ispanici del Colorado.

Secondo uno studio di ShareThis, gli ispanici in USA sono:

- 5 volte più propensi a condividere contenuti;

- 2 volte più propensi a cliccare su contenuti condivisi;

- 2 volte più propensi a comprare il prodotto condiviso;

- 4 volte più fedeli al brand.

La nicchia della nicchia

Se hai già scelto una nicchia, puoi ricavarti una nicchia ancora più piccola specializzandoti man mano.

Per creare la tua nicchia unica rispondendo a queste domande:

1. Chi è la persona ideale che vorresti raggiungere? Conoscili e studia i loro comportamenti.

2. Perché è importante? Perché lo fai?

3. Che bisogni stai soddisfacendo? Cosa vuole il cliente da te e che problema risolvi?

Diventa una calamita per i tuoi clienti

Di Kim Walsh Phillips

L'unico metodo sensato dietro le campagne social di successo è quello che ho chiamato MOM:

- M per Magnete. Questo è ciò che attirerà l'attenzione del tuo cliente;

- O per Opt-in. Il traffico social è imprevedibile, per questo devi trasformarlo in informazioni di contatto di tua proprietà, la tua lista clienti;

- M per Monetizzare. Una volta che hai la lista puoi comunicare e vendere ai tuoi prospect i tuoi prodotti o servizi.

C'è sempre qualcuno pronto coi soldi in mano

Ecco come trovare queste persone:

- Osserva le caratteristiche dei tuoi migliori clienti;

- Fai una lista di questi clienti e cerca dei pattern o trend;

- Chiediti con chi di loro andresti in vacanza o ad una conferenza.

Sono convinta che se devi lavorare duramente per costruire un business è meglio farlo con persone con le quali ti trovi bene. Se riesci a far soldi con persone che ti piacciono, hai trovato la tua nicchia.

L'avatar del cliente

Prima di iniziare a comunicare è essenziale avere un avatar del cliente perfetto. L'avatar include: età, sesso, professione, situazione sentimentale, orientamento sessuale, località, titolo di studio, conoscenze tecnologiche e culturali, stipendio, abitudini, interessi, ecc.

Io, per esempio, targetizzo gli imprenditori. So che i miei clienti migliori sono con noi da 3 anni e sono arrivati via passaparola e referral. Un'altra loro caratteristica è la volontà di agire, la velocità di esecuzione e la loro propensione a viaggiare molto in aereo.

Più cose sai e meglio è:

- Usano lo smartphone o il PC?

- Quali social utilizzano?

- Sono proprietari di casa?

- Fanno acquisti online?

- Ecc.

Dai alle persone quello che vogliono

Come fai a sapere cosa vogliono? Semplice, vai nella ad library di Facebook (www.facebook.com/ads/library) e scrivi il nome di un'azienda, lì troverai tutte le sue campagne passate e presenti.

Ricerca almeno 10 competitor nella tua nicchia e vedi le loro pubblicità e studiati le loro landing page, offerte e lead magnet. Poi acquistane qualcuna e continua a studiare e investigare il loro funnel.

Non devono essere per forza competitor diretti, basta che servano il tuo stesso mercato.

Fai sondaggi ai tuoi migliori clienti

A volte bastano anche semplici domande, tipo:

- Qual è il tuo dubbio più grande sull'argomento XYZ?

- Se potessi cambiare una cosa sul tuo settore, quale sarebbe?

- Se avessi una bacchetta magica quale frustrazione faresti sparire?

Le risposte a queste domande ti possono fornire risultati preziosi:

- Dati su abitudini, hobby e bisogni del tuo target;

- Report da usare per farti pubblicità come esperto del settore condividendo cosa hai scoperto;

- Idee super efficaci per headline e copy in generale perché intercettano il dialogo mentale del cliente.

Trova un modo di incentivare i tuoi clienti a rispondere, noi recentemente abbiamo offerto questo incentivo: un video training dal valore di 997$. Anche se a me non costava nulla, per il cliente aveva molto valore e quindi ha funzionato. La percezione del valore è quello che conta.

No BS Takeaways

- Definisci la tua nicchia: chi è il tuo cliente ideale e perché quello che vendi è importante per lui?

- Meglio avere 500 fan sfegatati che 10.000 follower tiepidi;

- Controlla le insight dell'audience di Facebook per scoprire come è composto il tuo pubblico;

- Non tirare ad indovinare nel marketing, specialmente quando hai delle risposte già pronte.

CAPITOLO 6

Come creare un Lead magnet

Di Kim Walsh Phillips

Supponiamo che voglia offrire una guida su come usare Facebook: ovviamente non potrei includere tutti gli step possibili e immaginabili per creare una campagna, per due motivi:

1. Non ci sarebbe più nessun motivo per i clienti per comprare i miei servizi a pagamento;

2. Sarebbero sommersi di informazioni e non saprebbero che farsene.

La guida dovrebbe focalizzarsi su un aspetto ben preciso e parziale, in modo da offrire un'informazione di valore, ma consumabile senza troppa fatica.

Molti credono che sia giusto dire tutto ma, in realtà, se lo fai crei un disservizio perché non saranno motivati ad andare avanti. La ragione è semplice: le persone vogliono risposte semplici perché generano dopamina, quindi ci fanno stare bene e ci motivano a continuare. È una vera e propria ricompensa.

Devi creare un percorso a step che motivi il cliente a saperne sempre di più.

Lo scopo del lead magnet è dunque quello di invogliare a saperne di più trasformando un prospect freddo in "cliente" attraverso una "transazione", anche se gratuita, offrendo qualcosa per la quale sarebbero stati disposti anche a pagare.

Una volta che hai scelto il tuo lead magnet, metti il link in ogni tuo profilo social. In questo modo tutti avranno ben chiaro qual è il prossimo step da intraprendere.

No BS Takeaways

- Non limitarti a chiedere l'indirizzo email. Offri qualcosa di valore in cambio;

- Il tuo lavoro è quello di spingere all'azione il prospect;

- Le persone adorano la gratificazione istantanea;

- Rendi il tuo marketing divertente e coinvolgente, così invoglierai le persone a partecipare;

- Assicurati che il tuo copy e le tue immagini parlino ad un'audience specifica. Non essere troppo generico.

CAPITOLO 7

Facebook Ads

Mi piace testare almeno 2 diversi copy: uno corto e uno lungo.

Questo è il template che uso ogni volta:

1. Fai una domanda al tuo mercato, tipo: "Vuoi scoprire un nuovo modo per ottenere clienti velocemente per la tua attività di consulenza?"

2. Offri una soluzione: "Segui il mio corso gratuito e impara il sistema Più Clienti Ora!"

3. Call to action: "Clicca qui per registrarti"

Poi testiamo una versione lunga che racconta una storia:

1. Parti da una situazione difficile in cui ti sei trovato (fatica ad acquisire clienti);

2. Condividi le speranze che avevi all'epoca e che coincidono con i pain point del cliente (avevo bisogno di un sistema automatico per acquisire clienti);

3. Il momento in cui è cambiato tutto, la soluzione (il sistema che hai trovato).

4. Condividi i risultati ottenuti con quel sistema;

5. Call to action (iscriviti al mio corso dove ti insegno come fare)

No BS Takeaways

- Le campagne per ottenere interazioni possono avere senso se usate per attirare lead qualificati;

- Testa sempre almeno 2 copy diversi, uno lungo e l'altro corto;

- Testa diverse immagini nei tuoi post per vedere quali funzionano meglio (personali, photo stock, grafiche). Se puoi aggiungi un po' di rosso, è utile a catturare l'attenzione;

- Scalda l'audience e costruisci relazione prima di chiedere loro di compiere un'azione.

CAPITOLO 8

LinkedIn

Sono Josh Turner e oggi ti voglio raccontare perché ogni attività può fallire da un giorno all'altro se non ha una fonte affidabile di nuovi clienti. Anche quelle con ricavi annuali che vanno dalle 8 alle 9 cifre.

Quando avevo 21 anni mio padre aveva una sua azienda edile specializzata nelle ristrutturazioni. Andava bene, lui era sempre a lavorare e in pochi anni eravamo passati da 5 a 23 milioni di entrate.

Quando i tempi erano buoni lavoravamo molto, ma i nostri venditori erano impegnati solo a gestire i clienti attuali o a chiedere referenze. Non avevamo nessun sistema per acquisire nuovi clienti e i nodi sono venuti al pettine nel 2008, quando il mercato è diventato più competitivo e non sapevamo più chi chiamare.

I nostri clienti ci adoravano e il servizio era eccellente, eppure non è bastato, abbiamo dovuto chiudere l'anno dopo.

Questo per dirti che non devi mai trascurare l'acquisizione di nuovi prospect, segnati bene in mente questa frase:

<u>più appuntamenti = più vendite</u>

Dunque, adesso vediamo come aumentare i tuoi appuntamenti via social, in particolare LinkedIn.

L'ideale sarebbe chiedere il collegamento alle persone con cui vorresti fare business, ma senza cercare subito di vendere qualcosa. Cerca prima di creare un legame cercando di conoscerle meglio e farvi conoscere meglio, pubblicando contenuti che vi posizionino come un'autorità nel settore. Ecco come fare:

1. Aggiorna sempre le tue info e pubblica costantemente. Le persone si ricorderanno più facilmente di te nel momento del bisogno;

2. Ogni tanto manda dei messaggi privati con informazioni utili, casi studio, report, ecc.

3. Adesso che ti conoscono e si fidano prova a proporre una telefonata. Se hai fatto bene il tuo lavoro, dovresti avere una risposta del 20-30%. A questo punto puoi inserirli nel tuo funnel di follow-up.

No BS Takeaways

- Aggiorna il tuo profilo con le info che servono ad attirare i tuoi clienti ideali;

- Se hai dei collegamenti o delle conoscenze in comune con il tuo prospect, dillo, ti renderà la vita più facile;

- La verità è che tutti i business hanno delle difficoltà. Amazon, Apple e Facebook non sono arrivati al top senza aver superato la loro dose di avversità;

- Hai bisogno di un processo che genera un flusso costante di nuovi clienti, non puoi basarti solo sulle referenze e il passaparola.

CAPITOLO 9

Email marketing

Scrivere mail efficaci

Di Kim Walsh Phillips

Ci sono due tipi di persone nella tua casella postale, gli scocciatori e quelli che hanno sempre qualcosa di interessante da dire. Le tue email in quale categoria rientrano?

Sono anni ormai che comunico regolarmente con la mia lista email, i miei clienti sanno che ho sempre qualcosa di valore da condividere e mi piace farlo.

Io sono convinta che bisognerebbe mandare un'email al giorno, solo così puoi sviluppare una relazione duratura. So che sembra tanto, ma una volta che ti abitui a farlo sarà normale trasformare in email tutto ciò che ti succede durante la giornata.

Ecco il format che mi piace seguire per le mie email:

1. Oggetto email che crea curiosità;

2. Saluto personalizzato con il nome;

3. Racconto una cosa che mi è successa;

4. La lego ad una lezione di business;

5. Creo una connessione con un programma/evento/servizio che offro e offrirò a breve

6. P.S. Con una call ti action ad un mio servizio o prodotto

No BS Takeaways

- Non usare l'oggetto della mail per promuoverti, ma fai in modo che il prospect voglia aprirla per leggere di più. Deve intrattenere ed incuriosire;

- Includi una chiara call to action nelle tue email. Le persone sono troppo impegnate per cercare di capire cosa vuoi;

- Scrivi ogni email come se fosse una comunicazione personale e focalizzati sul lettore;

- Non dare mai nulla per scontato, testa tutto in piccole quantità prima di un grosso lancio.

CAPITOLO 10

Cosa postare

Di Kim Walsh Phillips

Prima di tutto osserva cosa funziona nella tua nicchia, io intanto ti lascio qualche indicazione per quello che ho potuto sperimentare di persona:

- non usare mai photo stock che sembrano photo stock;

- usa foto vere di te e/o dei tuoi collaboratori;

- usa foto della tua scrivania (classico caffé e computer);

- fai domande al pubblico;

- Usa frasi con delle parole da compilare a piacere nei commenti;

- Posta una foto simpatica o inusuale chiedendo alle persone di scrivere la propria caption personale nei commenti (da abbinare a contest per premiare i migliori);

- Fai quiz;

Qualsiasi cosa decidi di pubblicare, prepara i tuoi post

in anticipo e poi programmali per farne uscire uno al giorno. Più sei costante e meglio è per il tuo business, il tuo seguito e le vendite.

No BS Takeaways

- Più commenti, like e condivisioni ottieni, più il tuo post sarà mostrato agli altri;

- Bisogna pubblicare in base a quello che funziona, non in base all'ispirazione;

- Crea sempre i tuoi post in anticipo.

CAPITOLO 11

Il grande segreto dei social media è offline?

Il costo del mancato follow up

Di Dan Kennedy

Ormai ogni giorno sentiamo parlare della morte di un nuovo media, in particolare vorrei parlarti della cosiddetta "morte della carta". Vorrei sfatarti questo mito con degli esempi reali.

C'è un marketer che riesce a guadagnare 8-11$ per ogni 3$ investiti solo con i giornali.

Ma parliamo anche delle newsletter cartacee: il mio business è stato costruito così e continua ad essere alimentato dai clienti che leggono la newsletter, che sono spesso i miei clienti migliori.

C'è anche il caso di Annette Fisher, fondatrice di un rifugio per animali (Happy Trails Farm Animal Sanctuary), con la quale abbiamo creato una newsletter cartacea che sta funzionando benissimo.

Poi c'è Shaun Buck che sta avendo tantissimo successo con la sue newsletter per dentisti e odontoiatri (NewsletterPro.com).

Quindi, anche se ormai è facile comunicare "gratis" online, come mai tutte queste persone continuano a stampare carta?

Perché la carta offre effetti positivi che online non si possono replicare.

Innanzitutto, i clienti apprezzano che stai spendendo soldi per comunicare con loro fornendo informazioni e intrattenimento e questo innesca reciprocità (principio che trovi nel libro di Robert Cialdini).

Poi, i clienti danno più valore e autorità alla carta stampata e leggono più volentieri su carta che online.

Infine, la carta stampata ha una vita molto più lunga. Molto spesso mi arrivano dei clienti grazie a delle newsletter vecchie di mesi. Quante persone leggono vecchi articoli di blog o vecchi post sui social? Te lo dico io, nessuno.

Ovviamente, niente di ciò funziona se sei noioso. Vediamo insieme quali sono le caratteristiche di una bella newsletter.

- Storie di interesse umano. Parla di quello che succede a te e ai tuoi clienti, news e personaggi famosi che in qualche modo sono correlati ai tuoi prodotti o servizi;

- Informazioni nuove, inusuali e affascinanti. In questo modo si genera passaparola. Ecco alcuni esempi eccellenti di argomenti trattati da un mio amico "Cibi da non mangiare mai in aereo" e "Quello che le compagnie farmaceutiche non vogliono farti sapere sul cancro";

- Opinioni. Se vuoi avere una relazione personale con i tuoi clienti, devi condividere le tue idee, la tua visione e la tua filosofia di lavoro e di vita. Solo così potrai affascinare le persone che la pensano come te;

- Consigli utili. Come alleviare un forte mal di testa (medico), come rimuovere dai tappeti le macchie causate dagli animali domestici (negozio animali o lavanderia specializzata), ecc.

Dovresti anche includere promozioni limitate e dirette, introduzione di nuovi servizi o prodotti, lead generation con offerte specifiche, ecc.

Poi, ovviamente, puoi anche sfruttare i social e il sito web per creare hype e promuovere la tua newsletter cartacea, magari anche con dei contest.

Se questi esempi non sono bastati a convincerti, leggi questi dati e capirai perché avere una newsletter cartacea (o una qualsiasi forma di follow up) è ancora più importante:

- solo il 18% dei prospect è pronto a comprare subito;

- l'82% dei prospect ci mette più di 3 mesi per decidere di acquistare;

- il 61% ci mette più di un anno per decidere di acquistare;

- solo il 44% dei venditori fa follow up dopo un incontro.

Lo scopo della prima vendita dovrebbe essere sempre quello di creare una relazione nel tempo e trasformare i nuovi clienti in clienti ricorsivi e fedeli. Per questo dovresti sfruttare ogni mezzo a disposizione per creare una relazione perché i clienti amano lavorare con persone che conoscono e stimano.

Un altro po' di dati:

- aumentare la ritenzione del cliente del 5% può aumentare i profitti dal 25% al 125%;

- la probabilità di vendere ad un già cliente va dal 60% al 70%, per un nuovo cliente va dal 5% al 20%;

- le aziende che danno la priorità all'esperienza del cliente fanno il 60% di profitti in più rispetto ai competitor.

No BS Takeaways

- I clienti che leggono la newsletter cartacea sono più leali e spendono di più;

- Una buona newsletter costruisce un rapporto, specie se fai uscire fuori la tua personalità;

- La prima ragione per la quale i lead non si trasformano in clienti è la mancanza di follow up;

- Lo scopo della prima vendita è creare un cliente ricorrente;

- Le comunicazioni che invii non devono parlare di cosa interessa a te (info tecniche su prodotti e servizi), ma di ciò che interessa ai tuoi clienti (storie, notizie...)

CAPITOLO 12

Fare il colpaccio

Call to action che funzionano

Di Dan Kennedy

Spesso le aziende che faticano a crescere hanno un buon prodotto, una buona posizione e un buona politica dei prezzi e dei margini. Il loro difetto più grande sta nella vendita, un'arte ormai persa e disdegnata dalla maggior parte delle persone. Molti di noi preferiscono mandare una mail evitando il faccia a faccia oppure vogliono sostituire i venditori con degli schermi perché hanno sentito dire che i clienti li preferiscono. I clienti non hanno sempre ragione... perché dovresti eliminare un approccio che funziona meglio di qualunque altro per aumentare le vendite?

Non puoi permetterti di far entrare le persone nel tuo negozio solo per guardare, per poi andare via senza che abbiano avuto un contatto con un venditore o una lettera di vendita oppure senza almeno prendere in qualche modo i loro dati per ricontattarli col follow up.

Quindi, pensa bene a chi è il tuo cliente ideale, dove la

51

puoi trovare e cosa vuole davvero che solo tu puoi dargli. Poi cerca anche di capire qual è il prezzo giusto che può permettersi di pagare. Solo così puoi costruire un buon sistema di lead generation.

Il tuo lead magnet dovrebbe esprimere in modo chiaro ciò che ti rende differente e cha darà forza alla call to action (che deve sempre essere presente nel lead magnet). Questo convincerà il prospect ad agire perché convinto che il beneficio che desidera lo può solo avere attraverso il tuo prodotto o servizio.

Vendere sui social

Di Kim Walsh Phillips

Molte aziende sui social restano bloccate sui like e le interazioni perché fa piacere sentire questo tipo di connessione e supporto. Peccato che le interazioni non paghino le bollette.

Per questo è importantissimo decidere il processo di vendita prima di iniziare a pubblicare contenuti, altrimenti rischiamo di creare contenuti solo per i like.

Ti faccio un esempio di uno che ha capito come fare. Il ristorante asiatico PF Chang's ha creato una promozione per il suo anniversario. Tutti i follower di Facebook hanno ricevuto un coupon per un wrap omaggio con l'acquisto di un qualsiasi antipasto. Oltre ad aumentare il numero di follower, il vero successo è stato portare 50.000 persone nel ristorante grazie al coupon, di cui il 40% erano nuovi clienti.

I diversi modi per convertire un lead in cliente

- Sequenza di email di follow up con call to action. Servono per rispondere a dubbi e obiezioni e per instaurare una relazione;

- Evento di follow up. Se dopo aver guardato il tuo corso gratuito le persone non comprano, fai in modo di programmare un webinar o un evento dal vivo dove invitare le persone che hanno guardato il video senza comprare;

- Campagne cartacee. Anche se un cliente ti ha scoperto online, non vuol dire che la conversazione debba per forza restare sui media online;

- Retargeting. Crea dei messaggi pubblicitari specifici per chi ti segue ma non ha ancora acquistato;

- Chiamata di follow up. Di gran lunga il mezzo più efficace.

Il tuo obiettivo dovrebbe essere quello di spendere il più possibile per acquisire clienti di qualità e cercare di tenerteli stretti per molti mesi o anni. Chi può spendere di più per acquisire clienti, vince.

Monetizzare il messaggio

Di Kim Walsh Phillips

Adesso vedremo delle strategie, che funzionano anche se hai una lista clienti piccola e poco budget, per:

- aumentare gli iscritti alla lista;

- monetizzare l'audience;

- scalare il successo con azioni ripetibili.

Le opportunità che vedremo sono molte, ma non farti spaventare, non devi farle tutte, ti basterà sceglierne un paio.

Adesso voglio che tu scriva su un foglio quanti soldi in più al mese vuoi ottenere. Di conseguenza scegli le strategie che ti sembrano più adatte per raggiungerli. Ecco i modi per monetizzare:

1. **Amazon Influencer program.** Se hai già una lista di almeno 1000 clienti. È diverso dal classico programma di affiliazione perché ti permettono di creare un vero e proprio shop dove mandare i tuoi clienti e periodicamente creano delle promozioni dedicate. Puoi fare dai 100$ ai 1000$ al mese;

2. **Il tuo blog.** Tutti dovrebbero averlo perché è il tuo media proprietario, dal quale nessuno ti potrà cacciare. Puoi monetizzare con la pubblicità, link affiliati, articoli sponsorizzati. Dai 100$ ai 50.000$ al mese;

3. **Podcast.** Costa veramente poco da realizzare e consente alle persone di ascoltare le info mentre fanno altro. Puoi monetizzarlo con la pubblicità e con gli sponsor. Io guadagno 3000$ al mese col mio podcast;

4. **Newsletter a pagamento o Magazine.** Oltre al pagamento della quota mensile, puoi guadagnare dalla pubblicità o sponsorizzare i

tuoi servizi/prodotti. Dai 100$ ai 1000$;

5. **Crea un prodotto.** Una volta che conosci la tua audience, non dovrebbe essere difficile trovare un prodotto o servizio di cui hanno bisogno. E non devi essere per forza tu a produrlo o erogarlo, ormai esistono print on demand, dropshipper, ecc. Puoi fare dai 500$ ai 10.000$;

6. **Sfrutta l'audience altrui.** Tony Robbins ha scritto "Money: Master the Game", diventato un bestseller grazie al fatto che si è limitato a intervistare degli influencer. Ognuno di questi, chiaramente, ha sponsorizzato il libro con la propria audience. Puoi fare dai 500$ ai 2000$;

7. **Eventi dal vivo o online.** Ti basta registrare l'evento e rivendertelo come contenuto. Dai 1000$ ai 20.000$.

8. **Chiedi agli esperti.** Puoi creare delle interviste su argomenti specifici agli esperti del settore e rivendertele come corsi o bonus. Dai 1000$ ai 10.000$;

9. **Promuovi prodotti o servizi altrui su Instagram.** Se hai un grande seguito puoi farti pagare per i post sponsorizzati. Dai 50$ ai 500$ per post;

10. **Facebook Live su un prodotto con link affiliato**;

11. **Pubblicità di Youtube.** Dai 1000$ ai 5000$ al mese;

12. **Organizza un evento boutique esclusivo.** Invita 5-10 persone in un ambiente raccolto, questo è un ottimo modo per iniziare con gli eventi. Noi facciamo pagare dai 2.500$ ai 5.000$ a persona;

13. **Mastermind.** Crea un gruppo di persone che si riunisce periodicamente virtualmente o di persona per imparare e migliorare. Dai 10.000$ ai 100.000$;

14. **Eventi su larga scala.** Possono essere molto profittevoli, ma evitali se non hai una grande audience perché sono molto costosi da organizzare;

15. **VIP Coaching Days.** Con queste giornate one to one prometti di ottenere un risultato ben specifico a fine giornata. Dai 2.500$ ai 18.000$ al giorno;

16. **Workshop online.** Una serie di appuntamenti online per realizzare un obiettivo bene specifico, più interattivo di un webinar perché si lavora insieme;

17. **Kindle.** In pratica ti pagano per generare lead perché nei libri Kindle puoi inserire link cliccabili a prodotti/servizi. Dai 10$ ai 500$ al giorno;

18. **Accordi per pubblicare libri.** Se hai dei buoni numeri con le vendite Kindle puoi contrattare con le case editrici e farti pagare in anticipo;

19. **Affiliazioni.** I nostri clienti sono contenti

quando proponiamo dei prodotti/servizi affiliati perché sanno che, se li abbiamo approvati, devono essere un buon affare. Puoi guadagnare dai 2.000$ ai 50.000$ al mese;

20. **Vendi i tuoi segreti.** Fai una raccolta dei tuoi materiali più di successo (sales letter, email, ecc.) e vendili. Dai 3.000$ ai 30.000$;

21. **Crea un bonus regalo.** Prima dai alle persone ciò che vogliono e solo dopo dai quello di cui hanno veramente bisogno. Il sito makeuptutorials.com inizia con un pennello in regalo, poi ti dà la possibilità di aggiungere altri pennelli gratuitamente se ti iscrivi alla loro subscription di empowerment femminile (RAW) a 19.95$ al mese;

22. **Crea un corso**;

23. **Fai un webinar**.

Dal funnel fino alle entrate a comando

Di Dan Kennedy

Una cosa è attirare persone online con i tuoi stessi interessi, un'altra è farli comprare. Se hai un seguito di 100.000 persone sui social che amano i tuoi contenuti gratuiti non è assolutamente scontato che compreranno. La strategia migliore per evitare brutte sorprese è quella di creare un percorso che separi i veri clienti da tutti gli altri. Ecco come fare:

- Non lasciare tutti insieme, liberi di vagare;

- Non viziare i follower ad avere tanti contenuti lunghi e gratuiti senza chiedere un'azione ben precisa;

- Segmenta la tua lista in base agli interessi;

- Apri le porte a chi è pronto per comprare;

- Struttura dei percorsi/funnel che accompagnino ad una decisione di acquisto;

- Non ti preoccupare delle critiche di quelli che non vogliono comprare, focalizzati solo sull'opinione dei clienti.

No BS Takeaways

- L'errore più comune tra gli imprenditori è quello di chiudere la vendita;

- Cercare di attirare tutti quelli che potrebbero essere interessati al tuo servizio è una perdita di tempo;

- Non affidarti alla speranza e al networking per ottenere clienti;

- I like non pagano le bollette;

- A volte all'inizio è meglio non cercare di vendere quello che vuoi tu, ma qualcosa di totalmente diverso;

- Un prospect non vale niente senza conversione;

- Chi può spendere di più per acquisire il cliente vince.

CAPITOLO 13

L'ottimizzazione crea trasformazione

Di Kim Walsh Phillips

L'importanza dei test

L'unico modo per evitare di spendere soldi a caso è testare ciò che funziona. Una cosa che ho imparato è che spesso quello che tu pensi funzionerà, non lo fa. Testare delle ad sui social è davvero facile perché basta fissare un periodo di tempo e vedere quale sta performando meglio.

Il mio motto è testa in piccolo e poi lancia in grande.

Vediamo le best practice in fase di test:

- Traccia le conversioni, non i click;

- Testa una cosa alla volta (headline, immagine...) per evitare di falsare il risultato;

- Inizia testando l'audience e scegli la migliore;

- Dopo che hai trovato l'immagine che performa meglio, prova a cambiare il colore delle sfondo e vedi se va meglio o peggio;

- Poi testa diverse frasi all'interno dell'immagine (clicca qui Vs scarica subito...);

- Prova con bottone e senza bottone e vedi cosa va meglio;

Quando hai ottimizzato tutto passi alla landing page.

Ecco una checklist di tutte le cose da testare:

- Immagini;

- Headline;

- Testo;

- Audience;

- Form di Opt-in;

- Testo sotto la foto;

- Giorni e orari;

- Budget giornaliero;

- Posizionamento ad.

No BS Takeaways

- Sui social in un paio di giorni puoi sapere quale campagna performerà meglio;

- Se ti basi solo sulle tue supposizioni 9 volte su 10 ti sbaglierai;

- Testare è l'unico modo per non sprecare soldi;

- Traccia le conversioni, non i click;

- Non sederti sugli allori, lo status quo non genera mai risultati eccezionali.

CAPITOLO 14

Come aumentare la lista clienti

Di Kim Walsh Phillips

Adesso voglio mostrarti 5 modi per far crescere la tua lista senza spendere un soldo in pubblicità:

1. Crea un lead magnet insieme ad altri esperti del tuo settore e raggruppa lì tutti i consigli;

2. Metti il link al tuo lead magnet ovunque (profili social, post, video...);

3. Lancia un quiz sui social. Chiedi "se avessi una bacchetta magica, cosa cambieresti di (pain/settore)"?

4. Fatti ospitare da altri blog, podcast, live, ecc. e promuovi il tuo lead magnet;

5. Fai una live a settimana, scegli un giorno e un orario e sii costante.

Come creare hype per un lancio in 3 giorni

Questa è la strategia che abbiamo usato per lanciare il

mio podcast con grande successo. Ecco come abbiamo fatto:

1. Annuncio. Abbiamo programmato una live su Facebook dicendo che avremmo annunciato una grande novità;

2. Social. Abbiamo pubblicato doversi post con il link per registrarsi alla live;

3. Pre-promozione. Abbiamo chiesto ad amici e parenti di scaricare la puntata e lasciare una recensione per creare social proof prima del lancio;

4. Giorno del lancio. Abbiamo inviato una mail alla lista e pubblicato dei post per ricordare di partecipare alla live;

5. Siamo live! Notifica via mail nel momento in cui inizia la live;

6. Chiacchiere. Prendi qualche minuto per aspettare che tutti vedano le notifiche della live, intrattenendo con qualche domanda ai follower. Noi avevamo anche creato un concorso a premi per chi si registrava e lasciava una recensione;

7. Annuncio post evento. Mail, messaggi in chat e post con il link alla registrazione per chi avesse perso la diretta.

No BS Takeaways

- Usa ogni opportunità per ottenere lead (cover

photo, bio, firma email, post, articoli, ecc.);

- Facebook Live è alleato del tuo ROI, ma devi essere costante;

- Prima di ogni lancio chiedi ad amici e parenti di fornire social proof;

- Concentra la tua promozione in un tempo limitato per potenziare i risultati.

CAPITOLO 15

Il problema dei trend

Di Dan Kennedy

Saltare sul carro dell'ultimo trend può essere molto pericoloso. È quello che è successo alla pizzeria DiGiorno quando ha pubblicato un post divertente utilizzando un hashtag in trend per sensibilizzare alla violenza domestica. Si sono difesi dicendo che non sapevano il significato dell'hashtag... non so se sia vero o meno, ma fai sempre molta attenzione a quello che pubblichi.

I social sono un ottimo strumento se utilizzati parallelamente ad altri canali e strategie, dovrebbero essere un aggiunta, non il tuo unico modo di acquisire i clienti. Altrimenti, se Facebook ti fa fuori per qualche motivo perdi tutto!

Non fare mail l'errore di copiare la pubblicità o la strategia social di un'altra azienda solo perché ti sembra una figata.

Conosci i tuoi clienti, scopri i loro bisogni e desideri ed esaudiscili.

CAPITOLO 16

Come moltiplicare i contenuti

Di Kim Walsh Phillips

In questo capitolo voglio condividere con te la formula che uso per moltiplicare i miei contenuti.

Giorno 1

- Scrivi un articolo sul tuo sito.

Giorno 2

- Manda un'email alla lista con il link all'articolo;

- Pubblica una storia con il link.

Giorno 3

- Pubblica il link in un post di Facebook;

- Fai una live sullo stesso tema dell'articolo;

- Fai un post su Instagram sullo stesso tema

dell'articolo

Giorno 4

- Post su LinkedIn col link all'articolo;

- Tweet;

- Storia su IG con link che menziona i commenti ricevuti.

Note

Questa sintesi di *"Direct Response Social Media Marketing"* è stata attentamente curata per diffondere i principi del Kennedy pensiero in italiano. Fa parte della famosissima collana di libri *"No B.S."* (traducibile come "No fuffa") creata da Dan Kennedy.

Dan Kennedy è uno dei più influenti e importanti protagonisti del marketing a risposta diretta e, purtroppo, i suoi libri sono disponibili solo in lingua inglese.

Sebbene questa sia una versione estremamente sintetica e priva delle immagini originali, siamo convinti che possa funzionare da trampolino di lancio per coloro che non conoscono bene l'inglese, ma che desiderano approfondire e applicare il suo pensiero.

Lo scopo di questa sintesi è puramente divulgativo, non vogliamo in nessun modo sostituirla al libro originale di Dan Kennedy.

Il team di Concentrato Edizioni

www.ingramcontent.com/pod-product-compliance
Lightning Source LLC
Chambersburg PA
CBHW071954210526
45479CB00003B/940